Thomas Feghelm

Laubsägearbeiten
Country-Style im Herbst

ENGLISCH VERLAG

Bibliografische Information der Deutschen Bibliothek
Die Deutsche Bibliothek verzeichnet diese Publikation in der Deutschen Nationalbibliografie;
detaillierte bibliografische Daten sind im Internet über http://dnb.ddb.de abrufbar.

© by Englisch Verlag GmbH, Wiesbaden 2003
ISBN 3-8241-1197-7
Alle Rechte vorbehalten. Nachdruck, auch auszugsweise, verboten.
Fotos: Frank Schuppelius
Herstellung: Michael Feuerer
Printed in Germany

Inhaltsverzeichnis

Vorwort

Der Sommer neigt sich seinem Ende zu und wird abgelöst von den schönen Dingen des Herbstes. Die Natur wechselt ihr Kleid, und für uns ist es an der Zeit, unsere Raum- und Gartendekoration im Country-Style der Jahreszeit anzupassen.

Der Igel lädt seine Freunde zum Winterschlaf ein, und die Kürbisse erobern in verschiedenen Variationen die Küche, den Balkon und den Garten. Goldgelbe Herbstblumen kann man hier und da entdecken, und auf dem Zaun lässt sich ein vorwitziger Rabe nieder. Kleine Geister warten auf das Halloweenfest – und wieder ist ein Ambiente der ganz besonderen Art entstanden.

Verwandeln Sie Ihr Heim in einen Ort von herbstlicher Idylle, und genießen Sie auch diese Jahreszeit in vollen Zügen!

Und nun wünsche ich Ihnen bei der Herstellung Ihrer herbstlichen Begleiter viel Spaß und gutes Gelingen.

Thomas Feghelm

Material und Werkzeug

Für die Herstellung der fröhlichen Begleiter durch den Herbst benötigen Sie folgendes Material:

- ✗ Laubsäge oder Decoupiersäge
- ✗ Sägeblätter in verschiedenen Stärken
- ✗ Schleifpapier in verschiedenen Körnungen
- ✗ Leimholz, 18 mm stark
- ✗ Sperrholz, 3 mm, 6 mm und 8 mm stark
- ✗ Holzleim und Kraftkleber
- ✗ Heißkleber
- ✗ Bohrmaschine oder Akkuschrauber
- ✗ Bleistift
- ✗ Architektenpapier
- ✗ Bastelfarben
- ✗ Karostoffe
- ✗ Gelstifte in Schwarz
- ✗ Lackmalstifte in Schwarz
- ✗ Sprühlack
- ✗ Pinsel in unterschiedlichen Größen
- ✗ Draht in verschiedenen Stärken
- ✗ Kupferfolie
- ✗ Nägel
- ✗ kleine Gläser (z.B. leere Marmeladengläser) zum Anrühren von Beize
- ✗ Cutter oder gerades Schnitzmesser
- ✗ Alurohre, 0,6 cm ⌀

Das Holz

Für die meisten Motive in diesem Buch benötigen Sie 18 mm starkes Massivholz, um den „Country-Style" richtig herausarbeiten zu können. Holz in dieser Stärke erhalten Sie als Leimholzplatten in Baumärkten. Dabei sollten Sie auf keinen Fall an der Qualität des Holzes sparen. Achten Sie unbedingt darauf, dass das ausgewählte Holz recht hell ist, denn je weniger Astlöcher und

Maserungen vorhanden sind, desto leichter lässt sich das Holz bearbeiten.

Weiterhin benötigen Sie Pappelsperrholz in 3 mm, 6 mm und 8 mm Stärke sowie Rundholzstäbe in verschiedenen Dicken. Beides erhalten Sie im Hobbyfachhandel.

Die Säge

Die **Laubsäge** erfordert ein wenig Muskelkraft und wird mit Auf- und Abbewegungen durch das Holz geführt. Drücken Sie das Sägeblatt dabei nur leicht gegen das Holz, um ein Verkannten oder gar Reißen des Blattes zu vermeiden. Mit dieser Säge lassen sich jedoch nur die dünneren Holzplatten problemlos sägen.

Für die Leimholzplatten verwenden Sie am besten eine **Decoupiersäge**, d.h. eine elektrisch betriebene Laubsäge. Ein Motor ersetzt dabei bei der Auf- und Abbewegung des Sägeblattes die Muskelkraft. Es gibt diese Säge in unterschiedlichen Ausführungen und Preisklassen. Mit solch einer Säge können auch härtere Hölzer bis zu einer Stärke von 50 mm bearbeitet werden. Das Holz wird bei der Verarbeitung etwas fester auf den Sägetisch gedrückt und leicht gegen das Sägeblatt geführt. Beachten Sie dabei die Gebrauchsanleitung, die der jeweiligen Säge beiliegt.

Das Schleifpapier

Nach dem Aussägen der Motive werden die Seiten geglättet, wo es erforderlich ist. Hierfür eignet sich ein Schleifpapier mit grober Körnung (z.B. 80er). Für den Nachschliff verwenden Sie am besten ein Papier mittlerer Körnung (z.B. 120er). Für den Oberflächenschliff, der im „Country-Style" jedoch eigentlich nicht erforderlich ist, wird ein Schleifpapier mit feiner Körnung eingesetzt (z. B. 240er). Die Kanten werden teilweise mit einem Cutter oder einem Schnitzmesser gebrochen. Je unebener die Kanten sind, desto rustikaler ist auch die Erscheinung.

Die Farben

Zum Bemalen verwenden Sie am besten **wasserlösliche Bastelfarben**, die im „Country-Style" auf jeden Fall matt sein sollten. Diese Farben decken gut, trocknen schnell und werden in unterschiedlichen Abfüllungen im Hobbyfachhandel angeboten.

Soll die Holzmaserung auch nach der Bemalung noch sichtbar sein, kann man aus diesen Farben so genannte **Beizen** herstellen. Dazu verdünnen Sie z. B. in einem leeren Marmeladenglas ein Teil Farbe je nach gewünschter Intensität mit 3–4 Teilen Wasser. Exakte Farbabtrennungen können Sie aufgrund der wässrigen Konsistenz der Beize jedoch nicht erreichen. Tragen Sie deshalb immer erst die Beize auf und anschließend die deckenden Farben.

Um die Farben dauerhaft haltbar zu machen, werden sie nach dem Trocknen mit einem **Matt-Sprühlack** versiegelt.

Die Pinsel

Verwenden Sie für den Grundauftrag (Grundierung) einen **Borstenpinsel**. Beim Einsatz von Beizen nehmen Sie einen **flach gebundenen Synthetikpinsel**. Für Stupf- und Drybrush-Techniken eignet sich insbesondere ein rund gebundener **Drybrushpinsel** mit runder Spitze. Weiterhin brauchen Sie **runde** und **flache Synthetikpinsel** in unterschiedlichen Größen.

Feinste Linien und Konturen werden mit sehr guten Resultaten mit einem **Gelstift** aufgetragen.

Die Bodenverankerung

Damit die Figuren fest im Rasen oder in den Beeten stehen, werden sie mit Alurohren versehen. Diese verwittern nicht, sodass die Landhausfiguren lange stabil an ihrem Platz stehen können.

Allgemeine Grundanleitung

Die Motivübertragung

Legen Sie einen Bogen festes Transparentpapier (Architektenpapier) über den Vorlagebogen, und zeichnen Sie das gewünschte Motiv mit einem weichen Bleistift ab. Legen Sie jetzt das Architektenpapier mit der Bleistiftseite auf das Holz. Ziehen Sie die Linien auf der Rückseite des Architektenpapiers mit einem harten Bleistift nochmals nach, sodass die Linien auf das Holz übertragen werden. Auf diese Weise übertragen Sie auch alle Linien, Gesichter usw. auf schon grundiertes Holz.

Das Sägen

1. mit einer Laubsäge:

Befestigen Sie ein Sägetischchen mit einer Schraubzwinge an einer Tischkante. Der Schlitz und das Loch liegen vor der Tischkante. Das Motiv wird in dem Loch gesägt. Spannen Sie ein geeignetes Sägeblatt ein, und drehen Sie es mit den Flügelschrauben fest. Halten Sie den Sägebogen waagerecht und parallel zum Unterarm. Es wird immer nur das Holz gedreht, nicht die Säge.

2. mit einer Decoupiersäge:

Spannen Sie zunächst das für diese Holzart geeignete Sägeblatt ein, und achten Sie darauf, dass die Sägezähne nach unten zeigen, um ein Ausschlagen des Holzes zu vermeiden. Sägen Sie nun entlang der Bleistiftlinie, indem Sie das Holz langsam und ohne Druck gegen das Sägeblatt drücken. Achten

Sie dabei darauf, dass das Holz immer fest auf dem Sägetisch aufliegt.

Um aus einem Motiv etwas herauszusägen, bohren Sie zunächst ein kleines Loch. Dann lösen Sie den oberen Teil des Sägeblattes und führen es durch das Bohrloch. Spannen Sie das Sägeblatt wieder ein. Nun können Sie problemlos im Motiv sägen.

Lassen Sie niemals Kinder unbeaufsichtigt an einer Decoupiersäge arbeiten!

Das Schleifen

Nicht immer werden beim Sägen Rundungen wirklich rund und Kanten richtig gerade. Mit einem Schleifpapier mit grober Körnung lassen sich jedoch kleinere und größere Patzer schnell korrigieren. Für gerade Kanten legen Sie das Schleifpapier auf einen Schleifklotz aus Holz oder Kork und schleifen damit über die längste Seite des Holzes hin und her. Um Rundungen zu korrigieren, müssen Sie an den jeweiligen Stellen individuell zurückschleifen. Kanten werden „gebrochen", indem man kurz mit etwas Druck direkt mit dem Schleifpapier über die Kante fährt oder mit dem Cutter die Kante etwas „abhobelt".

Das Bohren

Beim Bohren von Löchern besteht immer die Gefahr, dass das Holz auf der Rückseite aussplittert. Um dies zu vermeiden, sollten Sie stets ein weiteres Stück Holz unterlegen.

Die Maltechniken

Das Grundieren

Für den Farbauftrag benutzen Sie einen einfachen Borstenpinsel. Bürsten Sie die Farbe mit etwas Druck in das Holz. So können keine „Schlieren" entstehen.
Bei der Verwendung von Beize tragen Sie diese mit einem flach gebundenen Synthetikpinsel rasch und farbsatt auf das Holz auf. So vermeiden Sie Trocknungsränder.

Das Beizen

Verdünnen Sie 1 Teil Farbe mit 3–4 Teilen Wasser, z. B. in einem leeren Marmeladenglas mit Deckel. Die Beize lässt die Holzmaserung durchscheinen. Exakte Farbabtrennungen sind wegen der wässrigen Konsistenz jedoch nicht möglich.

Der Alterungs-Effekt

Soll ein Teil schon etwas abgegriffen aussehen, schleift man nach dem Trocknen der Farbe die Kanten etwas ab. Anschließend wischt man mit einem Papiertuch braune Farbe darüber. Ein weiterer Effekt wird durch das Aufspritzen von **Farbpünktchen** erzielt. Tauchen Sie eine Zahnbürste in etwas verdünnte braune Farbe, und streichen Sie diese in einer Richtung von sich weg über ein Spritzsieb.

Punkte setzen

Um gleichmäßige Punkte zur Verzierung zu setzen, benötigen Sie Stricknadeln oder Pinselstiele in unterschiedlichen Größen.
Tauchen Sie den Stiel in einen Farbspiegel ein. Anschließend setzen Sie den Stiel senkrecht auf das Holz. Die Farbmenge reicht meist für zwei Punkte aus. Wischen Sie das Ende mit einem Papiertuch sauber, bevor Sie es erneut in den Farbspiegel eintauchen. So werden Ihre Punkte immer schön rund.

Das Drybrushing

Bürsten Sie mit einem trockenen Drybrush-Pinsel mit runder Spitze die Farbe auf das Motiv. Tauchen Sie die Pinselspitze in die gewünschte Farbe. Streichen Sie nun den Pinsel auf einem Papiertuch so lange hin und her, bis Sie das Gefühl haben, dass jetzt keine Farbe mehr im Pinsel ist. Streichen Sie nun mit dem Pinsel über Kanten, oder tragen Sie die Linien von Karohosen o. Ä. auf. Mit dieser Art von Bemalung lassen sich schöne weiche Effekte erzielen.

Die Nass-in-Nass-Technik

Bei dieser Technik werden zwei oder mehr Farben nass ineinander gewischt. Tragen Sie dazu die Farben nebeneinander oder übereinander auf, und ziehen Sie die Farben mit dem Pinsel ineinander. Sie müssen dabei zügig oder in Teilschritten arbeiten, damit die Farbe nicht antrocknen kann. So erhalten Sie weiche Farbübergänge.

Das Versiegeln

Damit das bemalte Teil später auch feucht abgewischt werden kann, wird es mit einem transparent-matten Sprühlack versiegelt. Der Lack muss vor Gebrauch unbedingt gut geschüttelt werden! Figuren für den Garten sollten Sie evtl. mit einem Bootslack versiegeln.

Das Einfärben von Stoffen

Damit die Stoffe schon etwas älter aussehen, können Sie sie mit schwarzem Tee einfärben. Dazu brühen Sie den Tee stark auf und weichen den Stoff ca. 15 Minuten darin ein. Anschließend wird die Färbung mit Essig fixiert. Einen weiteren Alterungseffekt erzielt man mit ausgefransten Stoffkanten. Diese erhalten Sie, indem Sie den Stoff in die entsprechende Breite reißen, anstatt ihn zu schneiden.

Zauberhafte Landmotive

Piepmatz mit Blume

Material

- ✗ Leimholz, 18 mm stark
- ✗ Sperrholz, 6 mm stark
- ✗ Schleifpapier mittlerer Körnung
- ✗ Cutter oder Schnitzmesser
- ✗ Holzleim
- ✗ Spritzsieb
- ✗ Bastelfarben in Weiß, Gelb, Braun, Dunkelbraun und Schwarz
- ✗ Beize in Grün und Braun
- ✗ Gelstift in Schwarz
- ✗ Karostoff und Naturbast
- ✗ Bohrer, 2 mm Ø
- ✗ Sprühlack

Anleitung

Wem wird der kleine Piepmatz wohl diese schöne Blume überreichen?

Übertragen Sie die Konturen auf das Holz, und sägen Sie die Formen aus. Dann werden die Seiten geglättet, die Kanten mit dem Schnitzmesser gebrochen und die Löcher gebohrt.

Beizen Sie zunächst den Körper und den Kopf des Vogels in Grün, und wischen Sie in die noch nasse Farbe etwas Gelb mit hinein. Betonen Sie die Ränder etwas stärker. Die Flügel werden in Braun gebeizt.

Nach dem Trocknen werden die Füße, der Schnabel und die Blume in Gelb grundiert. Wischen Sie in die noch nasse Farbe etwas Braun mit hinein. Anschließend bespritzen Sie den Vogel und die Flügel mit kleinen braunen Pünktchen. Die Ränder der Blume werden in Braun überbrusht. Malen Sie die Augen und Schnabellinien auf, und leimen Sie danach die Einzelteile zusammen.

Zum Schluss versiegeln Sie die Farben mit Sprühlack und befestigen die Blume und die Schleife.

Rabe

Material

✘ Leimholz, 18 mm stark
✘ Schleifpapier mittlerer Körnung
✘ Cutter oder Schnitzmesser
✘ Holzleim
✘ Bastelfarben in Weiß, Gelb und Braun
✘ Beize in Schwarz
✘ Gelstifte in Schwarz und Weiß
✘ Alurohr, 0,6 cm ⌀, 6 cm lang
✘ Naturbast
✘ Bohrer, 6 mm ⌀
✘ Sprühlack

Anleitung

Würdevoll lässt sich dieser Gartenbewohner in Ihrem Garten nieder.

Übertragen Sie die Konturen vom Vorlagebogen auf das Holz, und sägen Sie diese aus.

Glätten Sie die Seiten, und brechen Sie die Kanten mit dem Schnitzmesser. Dann bohren Sie das Loch für das Alurohr, damit Sie Ihren Raben z. B. auch auf einen Zaun setzen können. Anschließend werden der Körper, der Kopf und die Flügel des Raben in Schwarz gebeizt und die Ränder nach dem Trocknen mit Braun überbrusht.

Nun grundieren Sie die Füße und den Schnabel in Gelb und wischen in die noch nasse Farbe etwas Braun hinein. Malen Sie die Augen und Schnabellinien auf und leimen anschließend die Einzelteile zusammen.

Zum Schluss werden die Farben mit Sprühlack versiegelt. Und damit der Rabe auch richtig schick aussieht, binden Sie ihm noch eine Schleife aus Bast um.

Mäuschen mit Mais

Material

- ✘ Leimholz, 18 mm stark
- ✘ Sperrholz, 6 und 8 mm stark
- ✘ Schleifpapier mittlerer Körnung
- ✘ Cutter oder Schnitzmesser
- ✘ Holzleim
- ✘ Bastelfarben in Weiß, Gelb, Rot, Rosa, Grün, Braun und Schwarz
- ✘ Beize in Braun
- ✘ Gelstift in Schwarz
- ✘ Naturbast
- ✘ Reisig
- ✘ dünner Draht
- ✘ fester Draht
- ✘ Bohrer, 2 und 4 mm ∅
- ✘ Sprühlack

Anleitung

Welch ein Festschmaus! Dieses Mäuschen scheint sichtlich zufrieden mit seiner Ernte zu sein.

Übertragen Sie die Konturen vom Vorlagebogen auf das Holz, und sägen Sie diese aus. Glätten Sie die Seiten, und brechen Sie die Kanten mit dem Schnitzmesser. Bohren Sie die Löcher für die Drahtverbindungen. Dann beizen Sie die Maus in Braun, und wischen Sie in die noch nasse Farbe sehr wenig Schwarz an den Rändern mit hinein. Nach dem Trocknen der Farbe werden die Ohren und die Schnauze mit Rosa leicht überbrusht. Anschließend werden die Nase, die Augen und der Mund aufgemalt. Grundieren Sie das

Herz in Rot, und wischen Sie in die nasse Farbe etwas Schwarz hinein. Die Blätter des Maiskolbens werden in Braun gebeizt und mit Grün verwischt. Grundieren Sie den Maiskolben in Gelb, und brushen Sie nach dem Trocknen etwas braune Farbe auf. Die Maiskörner werden mit dem Gelstift durch feine Linien angedeutet. Dann fixieren Sie die Farben mit dem Sprühlack.

Nun binden Sie den Reisig mit dem dünnen Draht zusammen und formen daraus den Mäuseschwanz. Befestigen Sie die Schleifen und den Schwanz mit etwas Holzleim. Zum Schluss verbinden Sie die Einzelteile mit den spiralförmig aufgedrehten Drahtstücken.

Windlicht „Herbstblume"

Material

✗ Leimholz, 18 mm stark
✗ Sperrholz, 6 mm stark
✗ Schleifpapier mittlerer Körnung
✗ Schnitzmesser oder Cutter
✗ Holzleim, Sprühlack
✗ Bastelfarben in Gelb und Dunkelorange
✗ Beize in Dunkelbraun
✗ 3 Stieldrähte, 1,5 mm stark
✗ Glaseinsatz für Teelichter
✗ Bohrer, 2 mm ∅

Anleitung

Leuchtend schön flackert hier das Licht im zarten Abendwind.
Zunächst werden die Konturen vom Vorlagebogen auf das Holz übertragen und ausgesägt. Glätten Sie dann die Seiten, und brechen Sie die Kanten mit dem Schnitzmesser. Bohren Sie die Löcher für die Drahtverbindungen. Nun werden die Blütenblätter in Gelb grundiert und in der Nass-in-Nass-Technik ein wenig Dunkelorange mit hinein gewischt. Die Blütenmitte wird in Dunkelbraun gebeizt. Nach dem Trocknen leimen Sie die Einzelteile zusammen und versiegeln die Farben mit dem Sprühlack.

Biegen Sie einen Stieldraht um den Glaseinsatz, und stecken Sie die Enden durch die Bohrlöcher der Blüte. Biegen Sie die Drahtenden zur Seite. Die beiden anderen Drähte werden für die Aufhängung verwendet.

Igel-Klangspiel

Material

✘ Leimholz, 18 mm stark
✘ Sperrholz, 3, 6 und 8 mm stark
✘ Schleifpapier mittlerer Körnung
✘ Cutter oder Schnitzmesser
✘ Holzleim
✘ Bastelfarben in Weiß, Altweiß, Gelb, Rosa, Hellbraun, Dunkelbraun, Terrakotta und Schwarz
✘ Beize in Grün, Terrakotta und Braun
✘ Gelstift in Schwarz
✘ Naturbast und Karostoff in Blau
✘ Klangspiel
✘ fester Draht
✘ Bohrer, 2 und 8 mm ∅
✘ Sprühlack

Anleitung

Mit sanften Tönen weist dieses Klangspiel dem Igel seinen Heimweg von der Landpartie!
Übertragen Sie die Konturen auf das Holz und sägen die Formen aus. Die Seiten werden nun geglättet und die Kanten mit dem Schnitzmesser gebrochen.

Bohren Sie anschließend die Löcher für die Verbindungen. Beizen Sie dann den Igelkörper in Braun, und wischen Sie in der Nass-in-Nass-Technik dunkelbraune Farbe hinein.
Nach dem Trocknen werden das Gesicht und die Füße mit Hellbraun grundiert. Brushen Sie die Wangen in Rosa und den Rand der vorher schwarz gemalten Nase in Altweiß. Übertragen Sie die Konturen des Gesichts, und malen Sie diese nach.
Beizen Sie das Schild in Terrakotta, und wischen Sie in die noch nasse Farbe an den Rändern etwas Dunkelbraun hinein. Die Blätter werden in Grün gebeizt. Nach dem Trocknen werden sie mit Terrakotta überbrusht. Grundieren Sie die Blume in Gelb und wischen viel Terrakotta hinein. Die Blütenmitte grundieren Sie in Dunkelbraun. Versiegeln Sie die Farben mit Sprühlack, und fixieren Sie die Blätter, die Blüte und die Schleifen mit Holzleim. Anschließend drahten Sie die Einzelteile zusammen und befestigen das Klangspiel.

Windlicht „Kürbis"

Material

- ✗ Leimholz, 18 mm stark
- ✗ Sperrholz, 6 mm stark
- ✗ Schleifpapier mittlerer Körnung
- ✗ Schnitzmesser oder Cutter
- ✗ Holzleim
- ✗ Bastelfarben in Gelb, Dunkelorange und Dunkelbraun
- ✗ Beize in Grün und Dunkelbraun
- ✗ Gelstift in Schwarz
- ✗ Stieldraht, 1,5 mm stark
- ✗ Kupferfolie, 5 x 5 cm
- ✗ Reisig
- ✗ Bohrer, 2 mm ⌀
- ✗ Sprühlack

Anleitung

Wenn Sturm über das Land tobt, können Sie es sich drinnen bei Kerzenschein gemütlich machen.

Übertragen Sie die Konturen auf das Holz, und sägen Sie die Formen aus. Glätten Sie die Seiten, und brechen Sie die Kanten mit dem Schnitzmesser. Bohren Sie anschließend das Loch für den Stieldraht.

Dann grundieren Sie den Kürbis in Dunkelorange und wischen in der Nass-in-Nass-Technik viel Gelb mit hinein.

Anschließend werden die dunkelbraunen Streifen ebenfalls in die noch nasse Farbe gestrichen.

Beizen Sie den Kürbisstiel in Dunkelbraun, die Grundplatte und das Blatt in Grün. Wischen Sie in die noch nasse grüne Farbe etwas Gelb hinein.

Der Maiskolben wird in Gelb grundiert, die Blätter werden mit stark verdünnter grüner Beize bemalt. Nach dem Trocknen der Farben werden die zarten Konturen mit dem Gelstift aufgetragen.

Versiegeln Sie dann die Farben mit dem Sprühlack, und leimen Sie die Einzelteile zusammen. Schieben Sie den Stieldraht durch das Bohrloch, und drehen Sie ihn über einen runden Gegenstand spiralförmig auf. Der Reisig wird mit etwas Klebstoff hinter dem Stiel fixiert. Damit das Teelicht nicht durchrutschen kann, wird unter dem Loch ein Stück Metallfolie befestigt.

Kürbis mit Gespenst

Material

✘ Leimholz, 18 mm stark
✘ Sperrholz, 3, 6 und 8 mm stark
✘ Schleifpapier mittlerer Körnung
✘ Cutter oder Schnitzmesser
✘ Holzleim
✘ Bastelfarben in Altweiß, Gelb,
  Dunkelorange, Grün, Braun und
  Dunkelbraun
✘ Gelstift in Schwarz
✘ Naturbast
✘ Karostoff in Braun
✘ fester Draht
✘ Bohrer, 2 mm Ø
✘ Sprühlack

Anleitung

In alten Landhäusern spukt es nicht nur zu Halloween!

Übertragen Sie die Konturen auf das Holz, und sägen Sie die Formen aus. Glätten Sie die Seiten, und brechen Sie die Kanten mit dem Schnitzmesser. Bohren Sie anschlie-ßend die Löcher. Grundieren Sie den Kürbis in Gelb, und wischen Sie in der Nass-in-Nass-Technik etwas Dunkelorange und ganz wenig Dunkelbraun mit hinein. Die Blätter werden in Grün grundiert und mit Gelb verwischt. Bemalen Sie die Blume in Dunkelorange, und wischen Sie in die noch nasse Farbe viel Gelb und sehr wenig Braun mit hinein. Die Blütenmitte wird in Dunkel-braun bemalt. Grundieren Sie das Gespenst in Altweiß, und deuten Sie die Konturen an, indem Sie ein wenig braune Farbe in das noch nasse Alt-weiß wischen.

Versiegeln Sie die Farben mit Sprühlack, und leimen Sie die Einzel-teile zusammen. Binden Sie aus dem Stoffstreifen und dem Bast je eine Schleife und fixieren diese am Stiel. Der Draht für die Aufhängung wird einige Male um einen run-den Gegenstand gedreht und anschließend befestigt.

Kleiner Erntehelfer

Material

- ✘ Leimholz, 18 mm stark
- ✘ Holzdübel, 8 mm ⌀
- ✘ Schleifpapier mittlerer Körnung
- ✘ Cutter oder Schnitzmesser
- ✘ Holzleim
- ✘ Bastelfarben in Weiß, Gelb, Rosa, Haut, Dunkelbraun und Schwarz
- ✘ Beize in Terrakotta und Schwarz
- ✘ Gelstift in Schwarz
- ✘ Jutegarn
- ✘ Naturbast
- ✘ Karostoff in Blau
- ✘ fester Draht
- ✘ Bohrer, 2 und 8 mm ⌀
- ✘ Alurohr, 0,8 cm ⌀, 30 cm lang
- ✘ Sprühlack

Anleitung

Pünktlich zur Erntezeit erscheint dieser kleine Erntehelfer, um Sie bei der Gartenarbeit tatkräftig zu unterstützen.

Übertragen Sie die Konturen auf das Holz und sägen sie aus. Dann werden die Seiten geglättet und die Kanten mit dem Schnitzmesser gebrochen. Bohren Sie anschließend die Löcher.

Beizen Sie nun die Arme und den Körper in Terrakotta, und wischen Sie in die noch nasse Farbe etwas Gelb und Dunkelbraun. Dann beizen Sie den Hut in Schwarz und lassen alles gut trocknen. Grundieren Sie das Gesicht mit Haut, und brushen Sie anschließend die Wangen in Rosa auf. Nun können Sie die Haare mit dunkelbrauner Farbe aufmalen. Für den Mund und die Nase verwenden Sie den Gelstift. Brushen Sie die Huträner mit Altweiß über, und leimen Sie anschließend den Kopf auf den Körper. Versiegeln Sie die Farben mit Sprühlack. Dann binden Sie dem kleinen Erntehelfer die Bastschleife und das Halstuch um und fixieren die Juteschnur. Zum Abschluss drahten Sie noch die Arme fest.

Pilz-Kette

Material

- ✗ Leimholz, 18 mm stark
- ✗ Schleifpapier mittlerer Körnung
- ✗ Cutter oder Schnitzmesser
- ✗ Holzleim
- ✗ Bastelfarben in Altweiß, Braun und Dunkelbraun
- ✗ Beize in Terrakotta, Braun und Dunkelbraun
- ✗ Karostoff
- ✗ Dschungelmoos
- ✗ Jutegarn
- ✗ fester Draht
- ✗ Sprühlack

Anleitung

Auf einer Landpartie kann man diese hübschen Pilze finden.

Übertragen Sie die Konturen auf das Holz, und sägen Sie sie aus. Glätten Sie die Seiten, und brechen Sie die Kanten mit dem Schnitzmesser. Bohren Sie die Löcher für die Verbindungen.

Bei dem oberen Pilz wird der Hut in Terrakotta gebeizt und etwas Dunkelbraun in die noch nasse Farbe verwischt.

Die Lamellen werden in der Nass-in-Nass-Technik mit Braun im Altweiß angedeutet. Grundieren Sie den Stiel in Altweiß, und wischen Sie in die noch nasse Farbe von den Seiten zur Mitte hin dunkelbraune Farbe. Bei dem mittleren Pilz beizen Sie den Hut in Dunkelbraun und wischen zusätzlich noch dunkelbraune Farbe mit hinein. Der Fuß wird nach der Anleitung für den oberen Pilz gemalt. Beim unteren Pilz beizen Sie die Köpfe in Braun und wischen ganz wenig dunkelbraune Farbe an den Rändern mit hinein. Grundieren Sie die Füße in Altweiß. Wischen Sie die dunkelbraune Farbe mit senkrecht verlaufenden Strichen im unteren Drittel mit hinein. Versiegeln Sie die Farben mit dem Sprühlack, und leimen Sie die unteren Pilze zusammen. Anschließend binden Sie aus dem Karostoff kleine Schleifen und fixieren diese und etwas Dschungelmoos auf den Pilzen. Zum Schluss werden die Pilze mit dem Jutegarn zur Kette verbunden.

Junge mit Gespenst

Material

✘ Leimholz, 18 mm stark
✘ 1 Rundholz, 6 mm Ø, 4 cm lang
✘ Schleifpapier mittlerer Körnung
✘ Cutter oder Schnitzmesser
✘ Holzleim
✘ Bastelfarben in Weiß, Altweiß, Rosa, Haut, Terrakotta, Braun und Schwarz
✘ Beize in Blau und Braun
✘ Gelstift in Schwarz
✘ Naturbast und Karostoff
✘ fester Draht
✘ Sprühlack

Anleitung

Zwei dicke Freunde.

Übertragen Sie die Konturen auf das Holz und sägen sie aus. Dann werden die Seiten geglättet und die Kanten mit dem Schnitzmesser gebrochen. Bohren Sie nun die Löcher für das Rundholz.

Beizen Sie die Jacke und die Ärmel in Blau, und wischen Sie in die noch nasse Farbe etwas Schwarz mit hinein. Betonen Sie dabei die Ränder etwas stärker. Der Hut und die Schuhe werden in Braun gebeizt, und auch hier werden die Ränder mit Schwarz verwischt. Grundieren Sie das Gesicht und die Hände mit Haut. Stupfen Sie dann die Wangen mit Rosa ab, und malen Sie das Gesicht und die Haare auf. Grundieren Sie das Gespenst mit Altweiß, und verwischen Sie ein wenig Braun in der noch nassen Farbe. Die Wangen werden mit Rosa abgestupft, und das Gesicht wird mit dem Gelstift aufgemalt. Nun wird die Hose in Terrakotta grundiert und in die noch nasse Farbe etwas Schwarz mit hinein gewischt. Verbinden Sie den Kopf durch das Rundholz mit dem Körper, und leimen Sie die Arme fest.

Versiegeln Sie die Farben mit dem Sprühlack. Zum Schluss befestigen Sie nun die aus dem Stoff gebundenen Schleifen und den Naturbast. Als Aufhängung für die lustige Figur dient der spiralförmig aufgedrehte Draht.

Schild „My Home is my Garden"

Material

✗ Brett, 31 x 11 cm, 18 mm stark
✗ Brett, 29 x 8 cm, 6 mm stark
✗ Sperrholz, 8 mm stark
✗ Schleifpapier mittlerer Körnung
✗ Cutter oder Schnitzmesser
✗ Holzleim
✗ Bastelfarben in Altweiß, Gelb, Terrakotta und Dunkelbraun
✗ Beize in Terrakotta, Gelb und Grün
✗ dicker Lackmalstift in Schwarz
✗ Naturbast
✗ Jutegarn
✗ fester Draht
✗ Sprühlack

Anleitung

Dieses Schild ist ein liebevoller Hinweis auf den Garten.

Übertragen Sie die Konturen von Blättern und Kürbis auf das Holz, und sägen Sie die Blätter aus. Dann glätten Sie die Seiten und brechen die Kanten mit dem Schnitzmesser. Bohren Sie die Löcher für die Aufhängung und für die Drahtverbindungen.

Beizen Sie nun das untere Schild in Grün, und grundieren Sie das andere Schild in Terrakotta. In die noch nasse Farbe wischen Sie etwas Dunkelbraun und Gelb mit hinein. Die Bretter werden nach dem Trocknen zusammengeleimt und die vier Löcher an den Ecken gebohrt.

Übertragen Sie den Schriftzug auf das Holz, und ziehen Sie ihn mit dem Lackmalstift nach. Beizen Sie anschließend die Blätter in den Farben Terrakotta und Grün, und verwischen Sie die Übergänge miteinander. Der Kürbis wird in Gelb gebeizt und Dunkelbraun hineingewischt. Versiegeln Sie die Farben mit dem Sprühlack, und befestigen Sie die Blätter und die Bastschleife am Schild. Nehmen Sie vier Stücke Draht, und schieben Sie diese durch die Bohrlöcher. Die Enden werden zur Spirale aufgewickelt.

MY HOME IS
MY GARDEN

25

Kleine Hexe
mit Katze

Material

- ✗ Leimholz, 18 mm stark
- ✗ Sperrholz, 8 mm stark
- ✗ Schleifpapier mittlerer Körnung
- ✗ Schnitzmesser oder Cutter
- ✗ Holzleim
- ✗ Bastelfarben in Altweiß, Rosa, Dunkel-
  rot, Haut, Dunkelbraun und Schwarz
- ✗ Beize in Schwarz
- ✗ Stieldraht, 1,5 mm stark
- ✗ fester Draht
- ✗ Gelstift in Schwarz
- ✗ Juteband
- ✗ Karostoff in Braun
- ✗ 2 kurze dickere Zweige, feine Zweige
- ✗ Bohrer, 2 mm Ø, und in der Stärke
  Ihres Zweiges
- ✗ Schraube, 25 mm lang
- ✗ Sprühlack

Anleitung

Fröhlich fliegt die kleine Hexe mit ihrem Kater durch die Lüfte.

Übertragen Sie die Konturen auf das Holz, und sägen Sie sie aus. Dann werden die Seiten geglättet und die Kanten mit dem Schnitzmesser gebrochen. Bohren Sie die Löcher für die Verbindungen.

Nun grundieren Sie das Kleid in Dunkelrot und wischen in die noch nasse Farbe von den Rändern zur Mitte hin etwas Schwarz. Die Stiefel werden in Dunkelbraun, die Hand und das Gesicht in Haut grundiert. Stupfen Sie die Wangen mit Rosa ab. Grundieren Sie das Katzengesicht in Altweiß, und malen Sie nach dem Trocknen die Augen und die Nase auf. Beizen Sie den Rest der Katze und den Hut in Schwarz. Brushen Sie die Ränder nach dem Trocknen der Farbe mit Altweiß über. Übertragen Sie die Linien des Gesichts auf das Holz, und ziehen Sie diese mit dem Gelstift nach. Die Augen erhalten einen Lichtpunkt mit Altweiß. Zum Schluss versiegeln Sie die Farben mit dem Sprühlack.

Dann werden die Einzelteile zusammengedrahtet und die Köpfe festgeleimt. Sichern

Sie den Kopf der Hexe zusätzlich von hinten mit einer Schraube. Schneiden Sie aus dem Jutegarn die Haare zu, und fixieren Sie diese mit Klebstoff am Hutrand. Die Ansatzstelle wird durch das Aufkleben der Hutkrempe verdeckt. Befestigen Sie die Zweige in den Bohrlöchern des Kleides, und drahten Sie an das Ende die feinen Zweige an. Fixieren Sie

bei der Katze den zur Spirale aufgedrehten Stieldraht als Schwanz. Für die Schürze raffen Sie den Karostoff etwas zusammen und befestigen ihn anschließend mit Klebstoff. Binden Sie aus einem dünnen Streifen Stoff eine kleine Schleife, und fixieren Sie diese an der Schürze. Ein Stück fester Draht verbindet die Hand mit dem „Besen".

Truthahn

Material

- ✘ Leimholz, 18 mm stark
- ✘ Sperrholz, 6 mm stark
- ✘ 2 Rundhölzer, 1 cm Ø, 12 cm lang
- ✘ Schleifpapier mittlerer Körnung
- ✘ Schnitzmesser oder Cutter
- ✘ Holzleim
- ✘ Bastelfarben in Weiß, Altweiß, Dunkelorange und Dunkelbraun
- ✘ Beize in Braun und Grün
- ✘ fester Draht
- ✘ Gelstift in Schwarz
- ✘ Naturbast
- ✘ Bohrer, 2 und 10 mm Ø
- ✘ Sprühlack

Anleitung

Dem traditionellen Truthahnessen kann dieser Vogel nichts abgewinnen.

Zunächst werden die Konturen auf das Holz übertragen und ausgesägt. Glätten Sie dann die Seiten, und brechen Sie die Kanten mit dem Schnitzmesser. Bohren Sie die Löcher für die Verbindungen. Nun beizen Sie den Körper und den Kopf in Braun und wischen in die noch nasse Farbe etwas Altweiß hinein. Die Flügel und die Schwanzteile werden ebenfalls in Braun gebeizt und mit Dunkelbraun verwischt.

Grundieren Sie den Kamm, den Schnabel, die Rundhölzer und die Füße mit Dunkelorange, und wischen Sie in der Nass-in-Nass-Technik etwas dunkelbraune Farbe hinzu. Betonen Sie die Ränder dabei stärker. Beizen Sie nun noch das Schild in Grün.

Nach dem Trocknen der Farben werden die Augen übertragen und ausgemalt. Der Schriftzug wird zunächst mit Altweiß aufgetragen und anschließend mit dem Gelstift umrandet. Versiegeln Sie die Farben mit dem Sprühlack, und drahten Sie die Einzelteile zusammen. Die Flügel werden zusätzlich noch mit Leim fixiert.

Zum Schluss leimen Sie noch den Schnabel und die Beine fest und binden dem Truthahn die Bastschleife um den Hals.

Blütenstrang

Material
✗ Sperrholz, 3 und 8 mm stark
✗ Schleifpapier mittlerer Körnung
✗ Holzleim
✗ Bastelfarben in Gelb und Dunkelorange
✗ Beize in Dunkelbraun
✗ Naturbast
✗ Karostoff in Braun
✗ dünner Draht
✗ fester Draht
✗ Bohrer, 2 mm ∅
✗ Sprühlack

Anleitung
Dieser Blütenstrang eignet sich hervorragend für schmale Fenster. Übertragen Sie die Konturen vom Vorlagebogen auf das Holz und sägen sie aus. Glätten Sie dann die Seiten, und brechen Sie die Kanten mit dem Schleifpapier. Dann bohren Sie die Löcher für die Drahtverbindungen.

Anschließend grundieren Sie die Blüten in Gelb und wischen in der Nass-in-Nass-Technik ein wenig Dunkelorange mit hinein. Die Blütenmitte wird in Dunkelbraun gebeizt. Leimen Sie die Einzelteile zusammen, und versiegeln Sie die Farben mit Sprühlack.

Anschließend werden die Blüten zusammengedrahtet. Binden Sie nun aus dem Bast und den Stoffstreifen jeweils zwei Schleifen. Befestigen Sie diese – am besten mit Heißkleber – am Draht zwischen den Schleifen.

Gespenster-Klangspiel

Material

- ✗ Leimholz, 18 mm stark
- ✗ Leiste, 20 x 30 mm, 70 cm lang
- ✗ Holzdübel, 6 mm Ø
- ✗ Schleifpapier mittlerer Körnung
- ✗ Cutter oder Schnitzmesser
- ✗ Holzleim
- ✗ Bastelfarben in Weiß, Rosa und Schwarz
- ✗ Beize in Blau
- ✗ Lackmalstift in Weiß, mittel
- ✗ Gelstift in Schwarz
- ✗ Kokosfaser in Weiß
- ✗ Karostoff in Blau
- ✗ fester Draht
- ✗ Bohrer, 2 und 6 mm Ø
- ✗ Sprühlack

Anleitung

Mit einem fröhlichen „Happy Halloween!"
wird jedermann hier begrüßt.
Übertragen Sie die Konturen des Gespensts
und der Schilder auf das Holz und sägen sie
aus. Anschließend werden die Seiten geglättet und die Kanten mit dem Schnitzmesser gebrochen. Danach bohren Sie
die Löcher. Beizen Sie nun die Leiste
und die Schilder in Blau, und wischen Sie
in die noch nasse Farbe etwas Schwarz.
Nach dem Trocknen werden die Ränder der
Schilder mit Weiß überbrusht. Übertragen
Sie den Schriftzug auf das Holz und ziehen
ihn mit dem Lackmalstift nach. Grundieren
Sie das Gespenst mit Weiß und deuten in
der Nass-in-Nass-Technik mit Schwarz die
Konturen an. Auch die Ränder werden mit
schwarzer Farbe verwischt. Stupfen Sie nun
die Wangen mit Rosa, und malen Sie das
Gesicht mit dem Gelstift auf. Abschließend
versiegeln Sie die Farben mit dem Sprühlack
und leimen das Gespenst auf die Leiste.

Dann werden eine kleine Schleife und etwas
Kokosfaser auf dem Kopf befestigt. Ein
weiterer Stoffstreifen wird um den Hals ge-
bunden. Verbinden Sie die Schilder mit dem
Draht und drehen die Enden spiralförmig
auf. Dann leimen Sie die Schilder auf die
Leiste und binden ein Stück Draht locker
um das Gespenst.